LA VRAIE CHINE

I

L'empire chinois, avec sa vaste superficie de plus de 11 millions et demi de kilomètres carrés et son immense population de beaucoup supérieure à celle de toute l'Europe (1), ne forme, quoique réuni sous un même sceptre, pas une puissance solidement cimentée par l'unité de force gouvernementale. Une partie des pays dont il se compose, la Mongolie, la Dzoungarie, le Turkestan oriental, le Tibet, la Corée (2), représentant ensemble plus de la moitié du territoire, n'est que vassale ou tributaire ; une autre partie, la Mandchourie, considérée comme le domaine personnel de l'empereur, a une administration distincte ; la Chine chinoise proprement dite se trouve renfermée dans des limites bien inférieures à celles de la Russie d'Europe, même sans y comprendre la Pologne, la Finlande et le Caucase. Ce n'est donc pas, en réalité, à raison de son étendue territoriale que ce qui est vraiment la Chine constitue la plus importante des divisions politiques du monde ; cette importance résulte de l'agglomération humaine sur cette région du globe et de sa densité, en quelque sorte incommensurable, là où est toute la vitalité de la race chinoise.

(1) La population totale de l'empire chinois est évaluée approximativement à 412,700,000 habitants, soit plus du quart du genre humain : celle de la Chine proprement dite, à 382,000,000 d'habitants.

(2) Depuis les conventions de 1885 et 1895, la Corée est même un royaume complètemen⁺ indépendant, après avoir été plus ou moins tributaire de la Chine et du Japon.

Mais les masses, surtout quand elles sont très compactes, n'ont de valeur économique, la seule féconde dans l'évolution sociale, que lorsqu'elles possèdent les facultés et pratiquent les vertus qui créent la richesse du sol et rendent celle-ci prospère : le travail, l'épargne, le sentiment du devoir. Or, on ne saurait nier que ces qualités sont essentiellement propres au Chinois. Il est laborieux, peu dépensier, assidu à la tâche acceptée, habile, patient, ayant pour la terre qu'il cultive et la moisson qu'elle lui rapporte une admirable sollicitude, à tel point que l'on a pu dire que pour lui l'agriculture est non seulement un culte, mais une caresse (1). Il n'aliène point le champ patrimonial, sauf en de très rares circonstances, quand il est trompé par le racoleur de coulies ; il excelle dans les arts et les diverses industries autant que dans les différentes branches du commerce, et il n'aurait pas de rivaux à craindre en aucun de ces domaines s'il joignait à la dextérité, à l'ingéniosité et à la persévérance l'initiative du perfectionnement de l'outillage et des procédés de fabrication ou de transaction. Contrairement à ce que l'on pense généralement, il n'est cependant pas dépourvu de spontanéité, il ne résiste pas aux innovations, mais il subit la loi que lui impose la cour de Péking, qui n'a fondé son autorité que sur la sujétion aveugle et qui sait bien qu'en ouvrant les ports et les portes aux étrangers, elle laisse pénétrer les influences préjudiciables à son despotisme, exercé, pendant des siècles, sans aucun contrôle.

Le Chinois observe ces efforts de pénétration de l'Occident, par plusieurs côtés, dans la civilisation asiatique ; il se croit, sans manifester ouvertement son opinion, plus capable que les Européens, sur qui il a certainement l'avantage de l'incessante résistance, et il attend l'avenir, persuadé que ce dernier lui appartiendra.

Les victoires militaires remportées par le Japon, les ambitions de ce jeune conquérant, impatient de faire main basse sur tout ce que l'Europe n'a pas pris ou ne convoite pas encore en Extrême-Orient, ne troublent point le Chinois dans sa quiétude. Il sait que, si demain éclate et réussit à Péking la révolution espérée — qui doit mettre fin à la dynastie des Taï-Tsing, sous laquelle il est écrasé depuis deux siècles et demi, et briser l'autocratie des mandarins, comme la révolution de 1868 au Japon, puis le coup d'État de 1871, ont renversé les Tokoungawa, le shogounat et balayé les privilèges des daïmios, — une ère nouvelle commencera pour la Chine ; se ressaisissant, elle entrera, disposant de tous ses éléments, en lutte avec le Japon et avec l'Europe, pour triompher des uns et des autres par le nombre (2), consciente de sa capacité et prête à la mettre en œuvre quand elle en aura la liberté.

Aussi est-ce une erreur ethnographique de lui prédire sa disparition plus ou moins prochaine parmi les peuples. Le partage de la Chine, rêvé par ceux qui successivement ont, depuis plus de cinquante ans, fait prévaloir la raison du plus fort, n'est pas, quoi qu'on en dise, à la veille de s'effectuer. Et si du traité de Nanking en 1842 aux conventions toutes récentes ouvrant Kiaou-Tcheou aux Allemands, Port-Arthur et Talien-wan aux Russes, Kouàng-tchéou aux Français, Weï-Haï-Weï aux Anglais, il y a eu une série d'échecs pour les Taï-Tsing et leurs conseillers, ces concessions,

(1) Voir Eugène SIMOND, *la Cité chinoise.*
(2) L'Empire chinois renferme, en effet, la plus grande masse d'hommes qui ait jamais été soumise à une même autorité.

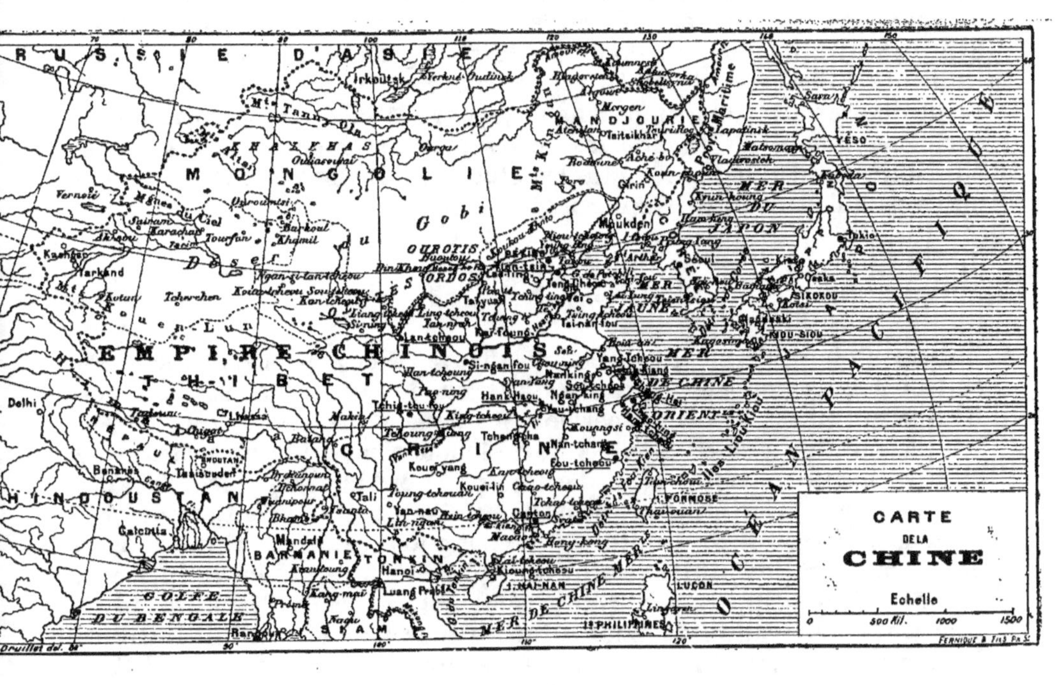

RUSSIE D'ASIE
MONGOLIE
Gobi
Désert
MANDJOURIE
EMPIRE CHINOIS
TIBET
CHINE
HINDOUSTAN
BIRMANIE
TONKIN
SIAM
MER DU JAPON
JAPON
MER JAUNE
MER DE CHINE ORIENTALE
OCÉAN PACIFIQUE
MER DE CHINE MÉRIDIONALE
GOLFE DU BENGALE
ORDOS
OUROTIS
Delhi
Calcutta
Hanoi
Canton
Hong-kong
Pékin
Nanking
Moukden
Séoul
Tokio
Osaka
FORMOSE
Iles PHILIPPINES
LUÇON
HAINAN
CARTE
DE LA
CHINE
Echelle
0   500 Kil.   1000   1500
Druillet del.
FERNIQUE & Fils Paris.

exigées par le commerce des deux mondes, sont en définitive un bienfait pour les Chinois eux-mêmes. Il arrivera une heure où, avec le génie d'assimilation et d'application qui les caractérise, ils exploiteront ce bienfait à leur profit, et regagneront l'avance que paraît avoir prise sur eux le Japon.

Ce qui permet de l'affirmer, c'est précisément l'étude exacte de la Chine vierge, où nous voyons la population chinoise, restée à l'abri des contacts, se développant par sa seule activité, n'ayant rien perdu de son énergie native et s'offrant dans sa physionomie exempte de toute altération, assez loin du trône impérial pour ne pas s'effacer socialement dans la grande ombre néfaste qu'il projette, assez près néanmoins des événements qui s'accomplissent dans le siècle pour en entendre les échos.

Cette Chine, longtemps inexplorée par les voyageurs européens, mais qui n'ignorait pas l'Europe, dont les marchands chinois lui apportaient les nouvelles, est la réserve de vie saine et forte de la race jaune, située dans le bassin du Yang-tsé-kiang : elle a de grands entrepôts agricoles, de nombreux centres d'industries, des marchés animés, une population totale de près de 100 millions d'habitants, très attachés à leurs coutumes, pacifiques quand les mandarins ne les pressurent pas à l'excès, mais n'hésitant point à se lancer dans les plus formidables rébellions, comme on l'a vu à l'époque des Taïpings.

II

Cette Chine vierge est celle du fleuve Bleu, principalement du Se-tchouen (région des quatre vallées ou des quatre rivières) et du Hou-pé, qui en est pour ainsi parler le vestibule. Dans les pages qui suivent il n'est question que du Hou-pé. Le Se-tchouen nous fournira l'occasion et la matière d'un autre récit. Le Hou-pé (Nord du lac) a 180,000 kilomètres carrés de superficie et 20 millions d'habitants. Il contient dix *fous* ou sous-préfectures. Sa capitale, Ou-tchang-fou, est sur la rive droite du Yang-tsé. La région est traversée par le plus important affluent du fleuve, le Han (Han-kiang), et à l'est du confluent se trouve Hankeou. Là se chargent à destination de Shang-Haï les marchandises qui viennent de l'intérieur ; là aussi sont installés les commerçants russes qui achètent le thé pour l'expédier en Russie, et le vendent en feuilles, ou en « briques », fabrication et commerce donnant des bénéfices prodigieux. Le marché de thé par excellence est Hanyang-fou ; jonques, bateaux à vapeur, embarcations de toute nature y vont et viennent, amenant ou emportant des cargaisons. Tout le Hou-pé, à bien peu d'exception près, bénéficie de ce mouvement d'importation et d'exportation.

Les détails que nous devons à M. Gaston de Bezaure ont un intérêt documentaire. Quoiqu'ils remontent à plusieurs années, ils ont conservé toute leur actualité, le Hou-pé n'ayant pas changé au cours de cette période. L'auteur parle *de visu*. Interprète chancelier en Chine, il a pu questionner en même temps qu'il a vu. Sa relation de voyage instruit et captive. Elle a le mérite de la précision et le charme du style.

Charles SIMOND.

LES DIVERTISSEMENTS A OU-TCHAN-FOU.

LA CHINE CHINOISE [1]

LE HOU-PÉ

I

HAN-KEOU ET OU-TCHAN-FOU.

Le soleil était encore sur l'horizon que déjà l'on apercevait de loin une fourmilière de bateaux et de barques de toutes dimensions; c'était l'entrée de l'immense port de Han-keou (2). Nous distinguons à droite des formes blanches : ce sont les maisons européennes; et plus loin, un amas de longues poutres s'enfonçant dans la vase, surmontées chacune d'une cahute noire, comme dans les cités lacustres des premiers temps; elles ont l'air d'oiseaux monstrueux endormis sur une patte au bord du fleuve, ou de fantastiques girafes avançant curieusement la tête et dressant le cou : ce sont les faubourgs de Han-yan-fou. A gauche, de l'autre côté du Yang-tze, qui a ici plus de deux kilomètres de large, une grande et forte ville s'entoure de murs : c'est Ou-tchan (3) la capitale

(1) Les pages que l'on va lire sont extraites de l'ouvrage intitulé : *Le fleuve Bleu*, voyage dans la Chine occidentale, par Gaston DE BEZAURE. (Plon, Nourrit et Cⁱᵉ, Paris.)
(2) Ou Han-koou. (C. S.)
(3) Ou encore Ou-tchang-fou. *Fou* signifie capitale de province. (C. S.)

du Hou-pé. Nous sommes dans la partie la plus populeuse et la plus commerçante de la Chine. On dit qu'autrefois, avant les rebelles, la réunion de ces trois villes formait une agglomération de plus de dix millions d'habitants.

Le commerce de Han-keou est très important. Les produits des riches provinces du centre et de l'ouest y arrivent facilement par le Yang-tze et par l'impétueuse rivière Han, qui a donné son nom à cette ville : « Han-keou », « bouche du Han ». Les Anglais et les Russes y font un grand commerce de thé; mais le *tea season* (saison du thé) ne dure que deux ou trois mois. Il est vrai qu'à cette époque on fait près de 60 millions d'affaires. C'est le moment où arrivent les *tea tasters;* la population européenne est alors doublée. Dix vaisseaux à la fois sont à l'ancre et se chargent de thé pour l'apporter directement à Londres ou à Odessa. Ici, comme à Foutcheou, les Russes ont dans l'intérieur du pays des résidences et des fabriques au centre des régions du thé. Ils achètent sur place et font fabriquer, avec des résidus et des thés de qualité inférieure, le *thé en briques,* qui est bu en Russie par l'armée, les Cosaques et le peuple. Ce sont eux encore qui expédient de Han-keou ce que l'on appelle le *thé de la Caravane.*

Il y a pour le thé en Chine, comme pour le vin en France, différents crus; telle contrée, telle colline donnera une qualité plus ou moins amère, âpre ou parfumée. C'est en coupant les thés de Fou-tcheou avec ceux des bons crus de Han-keou que l'on obtient le mélange le plus exquis. Au commencement du *tea season,* les grands marchands européens qui achètent ce produit ne manquent pas de combiner les meilleurs thés des deux villes : ils en font une provision pour leur usage personnel, dont ils réservent une part pour en faire présent aux têtes couronnées et à quelques grands personnages. C'est ce que les Gilman appellent *Taï-ping mixture,* et les Jardine, *Pickwick mixture.* Si vous n'êtes ni empereur ni roi, vous goûterez difficilement de ce nectar : pour cela, il vous faudra devenir ami de la maison (1).

En quittant Han-keou, il faut irrémissiblement dire adieu à la civilisation : c'est le dernier poste avancé de l'Europe dans l'Asie profonde. Nous n'aurons plus désormais, pour nous transporter, de beaux et rapides steamers; nous sommes obligés de nous pourvoir d'objets de toute sorte et de songer à mille préparatifs nécessaires. Nous allons pénétrer dans la vraie Chine, dans la partie vierge d'explorations, celle que les voyageurs, à part trois ou quatre peut-être, ne connaissent que par ouï-dire. Ici, plus de ports ouverts, plus de communications avec le dehors; c'est le Céleste-Empire tel qu'il était il y a mille ans, resté pur de tout

(1) Voir sur le commerce du thé et la fabrication des briques de thé à Han-keou la description qu'en donne M. Huart, vice-consul de France. (*Bulletin consulaire français,* avril 1886.)

contact étranger. Jusqu'à présent, nous avons parcouru la Chine violée par les nations d'Occident, la Chine commerciale, la Chine officielle, la Chine, pour ainsi parler, européenne, puisque les Européens y ont des villes dans ses villes : à partir de ce moment, nous entrons dans la Chine chinoise (1).

II

EN JONQUE SUR LE FLEUVE BLEU.

Dans l'après-midi, nous nous embarquions à bord d'une jonque pour remonter le Yang-tze-kiang (2), par delà Han-keou. Nous ne parvînmes pas avant le soir à l'extrémité du grand port. A travers cette inextricable foule de barques chinoises, basses, hautes, ventrues, effilées, longues ou ramassées, à deux mâts ou à un seul, qui composent une cité flottante riche d'aspects, variée d'allures, puissante de vie et d'élan, on a peine à écarter le coudoiement des rames et à se frayer un passage en jouant des bambous armés de fer.

Quand tous ces bateaux, pressés, serrés, presque collés l'un contre l'autre sur un espace de plus de dix milles, deviennent la proie d'une panique, si prompte à saisir les multitudes; quand le sinistre cri : « Au feu! » retentit parmi ce peuple de bois, et que des flammèches, réverbérées par la rivière, courent furieuses d'une barque à l'autre, ce doit être un spectacle grandiose et terrible. Tel fut l'incendie qui en 1850 illumina le fleuve Bleu. L'ouragan, m'a raconté un Chinois, témoin oculaire, vint tordre les flammes et s'ajouter à la violence du fléau. Sur cette vaste étendue liquide couraient des milliers de barques en feu, emportées par le vent d'une rive à l'autre. Deux mille jonques furent dévorées ainsi, et près de vingt mille personnes périrent.

Pour arrêter l'action de l'incendie, que font les Chinois? Rien ou presque rien; la populace se contente de crier : *Eh-ya! eh-ya!* Si la ville possède des sapeurs-pompiers, ils jettent sur les matières embrasées quelques seaux d'eau au moyen de pompes en bambou, instruments d'une naïveté primitive. C'est tout ce qu'ils tentent pour se rendre maîtres du feu : ils n'y réussissent presque jamais. Le malheureux dont la maison brûle ne la quitte que le plus tard possible; s'il parvient à sauver des flammes quelque chose, il lui faut se défendre contre les voleurs, qui, nombreux, profitent de la confusion générale pour excercer leur industrie. Des individus

(1) Aujourd'hui, de nouveaux et nombreux ports intérieurs ont été ouverts, en Chine, aux Européens. Sur le fleuve Bleu, au delà de Han-keou, les ports ouverts sont : Yi-tchang (depuis 1876), Tchoung-tchang et Cha-chi (depuis 1895): mais d'autres ports sont ouverts sur les affluents du fleuve Jaune. (C. S.)

(2) Fleuve Bleu.

de mauvaise mine courent, armés de grands couteaux; ils vont et
viennent en tout sens; ce sont les satellites du sous-préfet, braves
gens qui, sous prétexte de rétablir l'ordre, maraudent judicieuse-
ment pour leur compte.

Nos bateliers dégagèrent enfin la barque, non sans avoir beaucoup crié, beaucoup maudit le vent et l'eau, les voisins, les en-
combrements, les bateaux chargés de poutres débordantes. Avant

CHINOIS DU HOU-PÉ.

la nuit, les voiles étaient hissées, et nous sortions enfin du port
de Han-keou.

Nous avions deux mâts et deux voiles, l'une grande, l'autre
petite, carrées toutes deux. L'équipage était de trente hommes,
plus un vieux pilote. Lorsqu'il n'y a pas de vent, les bateliers font
force de rames, ou, si la berge le permet, nous remorquent à
l'aide d'une grosse et longue corde faite de bambou, que l'on fixe
à une poulie destinée à cet usage. Nos pauvres oreilles civilisées
peuvent se préparer pendant ce voyage à traverser de rudes
épreuves. Tout à l'heure, en quittant le port, nous avons été
assourdis par la chanson discordante des matelots hissant les

voiles : à présent, c'est le rythme monotone qui règle la cadence des avirons, chant peu harmonieux mais bruyant.

Le bruit est l'atmosphère propre à la vie chinoise. Dans une

UNE JONQUE DE MANDARIN SUR LE FLEUVE BLEU.

école, les élèves crient à tue-tête; si leur voix faiblit, s'ils paraissent fatigués, enroués ou paresseux, le maître à son tour entonne son morceau à pleine gorge, et voilà tous les écoliers forcés de hausser le ton. Aucune affaire, commerciale ou contentieuse, [ne se poursuit sans tapage. Le tapage inspire et facilite dans la tête d'un Chinois la solution des problèmes les plus compliqués. Malheur à l'Européen qui entreprend un long voyage dans l'intérieur de la Chine! Qu'il soit en barque, à cheval ou en voiture, il n'échappera pas au tapage : dans les auberges, la nuit, près de sa chambre, pour semer son sommeil de rêves gracieux, des ânes qui braient, des muletiers (*kan-chcu-ti*) qui se disputent, l'hôtelier (*tchan-kouei-ti*) qui frappe sur un bambou et tire des coups de fusil pour éloigner les voleurs. Sur les rivières, le « voyageur du grand Occident » n'est pas moins assourdi qu'à terre. Quand il arrive le soir à la station où les bateliers font passer la nuit à leur barque, il est condamné à entendre le *lao-pan* (1) frapper sur un tam-tam en faisant trois génuflexions et en brûlant de petits papiers aux génies des eaux. La prière à peine finie, les bruyants mariniers couvrent le pont de larges nattes et couchent là, fumant de l'opium ou ronflant. Vous croyez enfin dormir comme eux : mais d'autres bateaux surviennent, qui heurtent les premiers arrivés; tous veulent la meilleure place : d'où des cris, des injures, des batailles. Chacune des jonques qui partent à une heure ou deux du matin est jalouse, à son tour, d'implorer, au son du gong, avant de se mettre en route, les esprits bienfaisants du fleuve. Hélas! nous allons avoir à subir ces charivaris pendant de longs mois !

Il n'était que huit heures du soir, et déjà nos bateliers avaient jeté l'ancre : nous n'étions qu'à une lieue de Han-keou. Nous insistâmes vainement pour passer outre; les jonques ne marchent plus après le soleil couché. Elles craignent les voleurs, le vent, le courant, les écueils. Au moins voulions-nous forcer le *lao-pan* à ne s'arrêter qu'à neuf ou dix heures : il ne voulut rien entendre. Nous avions beau nous montrer peu convaincus de l'impossibilité de la navigation, il nous répondait cet argument sans réplique :

— C'est la coutume; et pour rien au monde je n'enfreindrai les usages de mon métier.

Le lendemain, à midi, nous étions à Kin-keou. Nos bateliers enfoncèrent dans le sable de la rive le pieu auquel fut amarrée la barque; nous avions à nos côtés deux ou trois (*house-boats*) bateaux indigènes aménagés avec un confort européen; ils appartenaient à quelques gentlemen de Han-keou, venus ici en partie cynégétique. Il n'y a là qu'un bouquet de quelques maisons au pied d'une éminence; mais derrière sont des collines où l'on vient de Han-keou chasser la bécasse et parfois le faisan : il s'y trouve aussi quelques chevreuils. Les chasseurs s'installent pour deux ou trois jours dans une pagode, à deux lieues du fleuve : ce sont de

(1) Propriétaire de la barque.

gaies parties, où la chasse n'est que le prétexte, le pays n'étant pas extraordinairement giboyeux; on vient là pour manger et pour beaucoup boire

Si nous restons à Kin-Keou tout le jour, c'est uniquement pour attendre nos lettres qu'on doit nous faire parvenir de Han-keou : car on attend dans cette ville la malle française par le steamer *Nan-kin*. Qui sait quand et de quelle façon nous pourrons désormais recevoir des nouvelles de nos familles, de nos amis, de notre chère France !

Enfin dans la soirée notre courrier arriva. Dès le lendemain matin, nous reprenions notre route. Nos amis de Han-keou nous firent leurs adieux et s'en retournèrent : ils s'en allaient vers les habitations européennes, tandis que nôtre jonque nous emportait dans les profondeurs de la Chine vierge, vers les vieilles villes insondées.

III

DE KIN-KEOU A KIN-TCHEOU.

Sur les flots du grand fleuve Bleu, nous avançons à voiles pleines, sans donner de la rame, silencieusement soulevés par les souffles favorables du vent : le village blanc de Kin-keou s'enveloppe au loin dans un pli roussâtre qui s'enfonce derrière l'horizon; les éminences viennent mourir dans les terres sablonneuses, et les eaux dormantes de la rivière sur les bords plats.

D'un côté s'étendent des champs de blé et de cannes à sucre, coupés par des lisières de roseaux, tandis que nous voyons sur l'autre rive des laboureurs poussant la charrue et faisant de nouvelles semailles. Le soc est établi de façon à déverser la terre à gauche, de sorte qu'au bout du sillon, au lieu de tourner à droite, comme en Europe, les Chinois pivotent sur le pied gauche. Toutes les charrues n'affectent pas cette forme : il en est dont le soc est triangulaire et rejette la terre des deux côtés à la fois, ce qui fait que, dans quelques provinces, on voit les laboureurs tourner indifféremment à gauche ou à droite. En Europe, les céréales se sèment sur le sillon; en Chine, on répand le grain dans la raie; de là en apparence un inconvénient grave : le sillon étant au moins deux fois plus large que la raie, il s'ensuit que les deux tiers du champ restent vides. Nos cultivateurs s'en étonneraient au premier abord; mais connaissant la nature du sol, ils comprendraient vite la raison de ce procédé. Leurs terres d'Europe sont fortes et craignent la pluie; le sol, en Chine, est léger et à peine revêtu, ordinairement de huit pouces de terre végétale. Puis dans plusieurs provinces, surtout et notamment dans le Chan-tong et le Tche-ly, les pluies sont rares; aussi tâche-t-on de déposer la semence là où elle est le moins exposée à se dessécher.

Partout, dans tout le cours du voyage, nous voyons les paysans s'exténuer à préparer la moisson. C'est quelquefois pour eux une pénible tâche que l'échenillage et le sarclage de chaque matin : ainsi, dans les rizières, ils ont toute la journée de l'eau sale jusqu'à mi-jambe. Grâce à ces labeurs, la même terre produit dans l'année deux récoltes de riz et une de blé. Les cultivateurs chinois usent beaucoup des assolements; ils font rendre au même champ, l'an révolu, et, comme il vient d'être dit, après plusieurs récoltes successives du même produit, des produits nouveaux : s'il est

JEUNES CHINOISES DE KIN-KÉOU EN PROMENADE.

fatigué par les céréales, on lui donne aussitôt, pour le reposer, la mission de fournir des navets et des carottes. Nulle part on ne voit de terre en jachère.

Nos jardiniers ouvriraient de grands yeux en voyant leurs confrères de Chine veiller soigneusement à ce que les céleris et les salades ne blanchissent jamais, et ils se scandaliseraient de mille hérésies de ce genre.

A l'approche d'un jardin potager chinois, on fera bien de s'inonder d'eau de Cologne. Chaque jardinier, sur le talus du chemin qui le borde, enfonce dans le sol, à fleur de terre, une ou plusieurs énormes jarres qu'il a emplies sans façon du contenu de sa fosse d'aisances; elles restent toujours béantes, de sorte qu'il arrive fréquemment qu'un enfant, un chien ou même un homme, passant sur la route sans les voir, y tombe et s'y noie. Jamais un propriétaire n'a consenti à fermer de couvercles ces récipients. Je me rappelle qu'à Fou-tcheou, sur la demande des consuls européens, les autorités chinoises ayant édicté une ordonnance qui enjoignait de couvrir ces jarres infectes, la population fit presque une émeute et s'y refusa. Peuple étonnant, capable de pousser jusqu'à de telles matières et de montrer sous une forme aussi inattendue le respect des institutions et l'amour de ses habitudes!

SOLDATS CHINOIS D'AUJOURD'HUI.

Aux cultures devenues plus rares succèdent peu à peu des terres basses, couvertes de grands roseaux. Ils sont plus élevés qu'en Europe, et servent aux Chinois pour le chauffage, pour faire des toitures aux maisons pauvres, et même pour dresser des huttes dans les îles que nous commençons à rencontrer. Nous sommes à deux jours, déjà, de Kin-keou, devant l'embouchure du Kin-ho, entrée du grand-lac Tong-ting. Si les eaux du Yang-tze étaient hautes comme elles le sont en été, nous pourrions, pour aller à I-tchang-fou, traverser le lac et déboucher sur le fleuve à

Kin-tcheou, par le canal de Taïpin : c'est une voie plus courte que celle que nous suivons. Le vent est devenu contraire; de la rive, nos bateliers tirent le bateau avec des cordes et ont de la peine à le faire marcher. Nous descendons avec nos chiens; autour de nous, des vanneaux huppés, des pluviers dorés, des chevaliers aux pieds rouges s'envolent, et nous profitons du halage pour faire une tournée de chasse sur les bords.

Bien qu'à l'époque des grandes eaux la rivière couvre tous ces terrains, les roseaux y cachent force faisans et des chevreuils en assez grand nombre.

A un coude du fleuve, nous traversons une grande île, pleine de *ki-tze* (petits chevreuils sans cornes et ayant des défenses comme un sanglier). En une heure, nous en tuons jusqu'à six. De tous côtés partent des sarcelles, des aigrettes, dont le vol immaculé effleure les ailes noires des corbeaux de Chine au collier blanc; des lièvres détalent, et des quantités de canards mandarins, au bec de corail, s'enfuient en criant. Nous en abattons quelques-uns : la tête est blanche et noire; le couvre-nuque, de plumes cramoisies, tranche sur la teinte bronze des ailes et sur la couleur chamois des ailerons retroussés.

C'est ici le vrai paradis des chasseurs, et cette île bénie ne le cède point à la fameuse *Dears Island*, que l'on voit auprès de Tchin-kiang. Les indigènes chassent très peu : nous en rencontrons cependant. Ils se servent du fusil chinois à mèche, arme très primitive, étrange de forme, mais portant très bien; j'ai vu un de ces mauvais fusils tuer un lièvre à plus de cent mètres.

Les seigneurs du Nord emportent avec eux, dans leurs chasses, des faucons et des lévriers; mais les races de nos chiens d'Europe ne sont pas connues des Chinois : aussi font-ils grand'peur aux paysans.

Ceux que nous avions sur notre jonque furent souvent fort utiles : dès que nous avions autour de notre barque trop de curieux, nous prononcions cette parole magique : « Le chien de l'Occident mord », et en un clin d'œil il ne restait plus personne. Je ris encore de la panique que causa un jour dans la montagne mon fidèle Dick : à la vue de l'animal marron tacheté de blanc, tout un village prit la fuite. « *Lao-h'ou !* Un tigre, un tigre ! » clamaient-ils. « Eh ! ce n'est qu'un chien ! » disais-je. J'eus bien de la peine à les convaincre.

Le mauvais temps nous a forcés de rentrer. Une grêle épouvantable, de la neige, des vagues écumeuses comme en mer, empêchent notre barque d'avancer. Le vent est debout, le courant impétueux; le bateau penche, les voiles crépitent, et le gréement crie. Nos bateliers, aveuglés par les grêlons, errent dans l'épais brouillard qui cache le fleuve. Ils craignent d'être poussés sur des bancs de sable et évitent avec prudence les îles. Nous faisons péniblement trois ou quatre lieues en trois jours. Souvent nous sommes emportés en arrière; alors la barque est contrainte de s'arrêter et d'attendre. Dans les rares moments de répit, elle se remet en marche; mais ces éclaircies ne durent guère que deux ou trois heures par jour. C'est au milieu de ces difficultés que nous parvenons à *Chia-cheu-wan*, gros bourg étalé sur la rive gauche.

Il consiste seulement en deux longues rangées de maisons, que sépare une rue étroite; elles sont bâties en contre-haut de la rivière, sur le bord même, très élevé en cet endroit. Chia-cheu-wan est le marché où viennent s'approvisionner tous les villages et bourgades environnants. Maigres ressources! on ne leur vend que du riz rouge de quatrième qualité, des poissons salés et, une ou deux fois l'an, de la chair de porc. Nos mariniers s'y fournirent de vivres, c'est-à-dire de riz et de poisson; fort heureusement il nous restait des conserves, et nous n'avions encore besoin de rien. Ce n'est pas ici que des Européens pourraient emplir leur garde-manger.

Le vent est un peu tombé : à travers les continuels méandres qui allongent indéfiniment le voyage, il nous est loisible de marcher enfin. Nous apercevons maintenant, à gauche, les montagnes Tong-chán, les premières depuis Kin-keou; mais elles s'effacent bientôt, et pendant de longs jours rien ne vient rompre l'uniformité du paysage; nous poursuivons notre route monotone vers le nord, presque en ligne droite.

Le dixième soir après notre départ de Chia-cheu-wan, nous allons pouvoir coucher à Ho-chie, petite ville qui se penche sur ses pilotis pour nous voir, et semble s'avancer dans l'eau, au-devant de nous.

Quand la fonte des neiges du Thibet grossit le fleuve, les habitants enlèvent de là leurs maisons de planches et les emportent dans un lieu plus sûr. De loin, nous entendons des cris, nous apercevons un mouvement extraordinaire; la station est tout en émoi. Notre jonque prend sa place au milieu des autres, et nous apprenons des matelots, en descendant à terre, qu'une barque a été pillée par les voleurs, il y a quelques heures : c'est une bande d'une dizaine d'individus armés de couteaux; ils reviendront, nous dit-on, certainement dans la nuit. Et l'on nous engage à faire bonne garde. Nous montrons aux bateliers épeurés nos fusils et nos revolvers, et nous les rassurons en souriant.

— Vous n'avez donc pas de gendarmes ? demandai-je.

— Oh ! il y a les *ma-kouaï*.

— Les *ma-kouaï ?* Ce sont des cavaliers ?

— Oh ! non; il leur est même interdit d'aller autrement qu'à pied. Mais ils ne viendront que demain arranger l'affaire.

— Peste ! pensai-je, la langue chinoise aime les figures; mais celle-ci est un peu trop forte, le nom de ces gendarmes signifiant « cheval qui court avec la rapidité de la flèche ».

Et j'ajoutai :

— Ce sera un peu tard.

— Mais le brigadier des *ma-kouaï* connaît à fond toutes les criques des deux rives pour y avoir piraté autrefois : il fera rendre.

— Comment ! m'écriai-je abasourdi, cette brigade a pour chef un brigand ?

— Et un fameux !

— Eh quoi ! vos gendarmes sont des voleurs ?

ANCIENNE JONQUE DE GUERRE.

— D'anciens. Comment déjoueraient-ils les ruses des autres ? Ne savez-vous pas que pour mériter son galon, tout brigadier doit prouver au sous-préfet qu'il a pratiqué les tours des plus adroits ?

Je fus surpris d'apprendre que les membres de cette corporation étaient choisis parmi les hommes les plus tarés : le moindre gendarme ne pouvait être accepté dans l'une des douze brigades de la sous-préfecture que s'il avait été au moins maraudeur. Il paraît que l'autorité chinoise envoie souvent, de guerre lasse, prier les Mandrins et les Cartouches du cru de venir diriger ces honorables compagnies : des délégués officieux négocient l'affaire, et le bri-

gand, moyennant certaines garanties matérielles avantageuses,
consent à quitter la rivière ou la montagne et à endosser la casaque
rouge du *ma-kouaï*.

LA MARCHE FUNÈBRE (HOU-PÉ).

C'est là l'histoire de tous les brigadiers ou chefs subalternes.
Leur zèle se laisse facilement désarmer par les offres engageantes
des délinquants : il suffit de leur présenter d'assez fortes sommes.
Toutefois, sous la menace de la cangue ou de la bastonnade, ou si

le mandarin leur fait entrevoir le danger de la destitution, les *ma-kouaï* trouvent toujours des voleurs et les amènent.

— Tout cela est très bien, dis-je à mon interlocuteur, à la langue, certes, bien amarrée pour un batelier; mais c'est peu rassurant. Vos *ma-kouaï* me paraissent bien lents à poursuivre leurs amis de la veille, et puis il doit leur rester toujours quelque chose du premier métier; c'est un instinct difficile à perdre.

Il me répondit avec bonne humeur :

— Leur mot d'ordre est : « Nous *volons* plus rapides que les coursiers. »

C'était décidément un garçon d'esprit.

— Et vous n'avez pas d'autre force armée ? N'y a-t-il pas des soldats près d'ici ?

Il fit un signe affirmatif.

— Alors ?

— Ils sont soldats le jour et voleurs la nuit.

— Diable !

Un grand brouhaha nous interrompit. Je suivis la foule. Au centre d'un cercle de torches formées de cordes de bambou tressé, hors d'usage, qui avaient servi à retenir les barques, un vieillard essayait gravement de démontrer aux parties lésées l'inutilité de toute poursuite. J'appris, en m'approchant, que sans appartenir précisément à la police, il avait le caractère officieux de conciliateur, et que les choses se passaient invariablement ainsi dans ces circonstances.

On fit enfin un silence relatif, et le vieillard posa la question :

— Voulez-vous plaider ?

Le tumulte recommença de plus belle; les réponses inintelligibles des plaignants n'arrivèrent pas jusqu'à nous. Ils parlaient tous à la fois, et avec eux la foule entière.

Le vieillard, imperturbable, reprit :

— Non, n'est-ce pas ? Alors combien d'argent voulez-vous donner à ceux qui possèdent votre bourse, vos habits, votre riz, vos rames, vos cordages et vos voiles ?

Un vacarme assourdissant me contraignit à me boucher les oreilles. Ils hurlaient, ils piétinaient; on eût dit qu'ils imitaient les cris de tous les animaux de la Chine.

— Consentez-vous à payer la moitié de leur valeur ?

La réponse se fit attendre.

— Il faut délibérer, dit le vieillard. Allons au *kong-souo*.

Et, toujours criant, la foule se dirigea vers la *maison commerciale*. Nous y entrâmes derrière les intéressés, curieux d'assister à la discussion.

Certes, il n'est rien de si odieux que d'avoir été volé et d'être forcé de consentir à racheter son bien des mains du voleur : la réunion fut très animée.

Il y eut même des avocats qui r'clamèrent la lutte judiciaire à outrance. On but du thé, on servit du vin chaud, on fuma des pipes. Seulement, quand il s'agit de conclure, les visages se rembrunirent, tout le monde baissa la tête, et pas un des bateliers dépouillés ne consentit à se prononcer le premier. A la fin ils se regardèrent, et tous ensemble prirent parti, parlant à la fois.

Plaider était absurde : ils payeraient les frais du procès, et ce serait tout ! Quand même les voleurs seraient tous arrêtés jusqu'au dernier, verraient-ils pour cela le bout d'un aviron ? entendraient-ils le son d'une sapèque ? Leur argent, comme les agrès de leur barque, serait à jamais perdu. Il valait encore mieux s'arranger !

Le lendemain, les *ma-kouaï*, qui ne se montrent jamais dans une telle affaire qu'après les conclusions arrêtées, rapportèrent tout ce qui avait été pris, mais non avant d'avoir reçu des volés, pour en verser le montant aux voleurs, déduction faite de leurs propres honoraires, la moitié de l'estimation totale.

N'est-il pas juste, en effet, que ces bons *ma-kouaï*, moitié bandits et moitié gendarmes, intermédiaires entre les flibustiers et les habitants, touchent à la fois des uns et des autres le prix de leurs efforts à les concilier ?

Comme on le voit, les *ma-kouaï* ne sont pas tout à fait inutiles : les magistrats se déchargent volontiers sur eux des vols qui n'ont pas été faits à main armée ni avec effusion de sang ; ils sont heureux de ce concours, grâce auquel les affaires s'arrangent à l'amiable, en dehors de la voie officielle et juridique. Dans telle sous-préfecture, il m'a été donné d'observer, depuis ce voyage, que sur deux cents vols commis, un seul fut poursuivi devant le tribunal ; les *ma-kouaï*, par voie de conciliation, avaient arrangé les cent quatre-vingt-dix-neuf autres. Et le mandarin ne manqua pas de recevoir de ses supérieurs les félicitations les plus encourageantes au sujet du maintien de la paix et du bon ordre dans son district.

Après Ho-chie, le fleuve devient immense : il est certainement plus large ici qu'à Tchin-kiang, c'est-à-dire qu'à une journée de vapeur de son embouchure. Le vent nous favorise : nous approchons rapidement de Cha-cheu (1). Les rives sont très cultivées, très habitées. Cha-cheu présente sur la rive gauche de la rivière, si belle en cet endroit, ses maisons sales et noires. C'est une ville commerçante et bruyante, où bourdonne toujours, comme dans une ruche, un peuple affairé. Elle dépend de Kin-tcheou-fou, qui se montre deux lieues plus loin dans les terres. Nous resterons deux jours à Cha-cheu.

(1) Cha-cheu ou Cha-chi a été ouvert aux Européens en 1895. (C. S.)

Quand on voyage dans l'intérieur de la Chine, il faut toujours, autant que possible, éviter les centres populeux; si nous mouillions devant la ville, notre barque demeurerait trop exposée à la curiosité publique : aussi la faisons-nous monter une lieue au-dessus de Cha-cheu : nous avons alors devant nous les murs de Kin-tcheou-fou. C'est ici que nous changeons de bateliers : de là notre arrêt de quarante-huit heures, pendant lesquelles nous ne sortons guère de la barque que pour chasser. Ceux qui nous avaient menés depuis Han-keou se chargeaient de la navigation dans les terres basses : nous allons prendre maintenant des bateliers de montagnes et de rapides. C'est le grand relais entre Han-keou et Tchong-kin.

DAME CHINOISE.
Statuette en porcelaine translucide. (Collection Malinet.)

Tout le pays est gercé de criques; des canaux d'irrigation couturent les champs, divisent les terrains; partout des travailleurs fatiguent le sol. On trouve peu d'arbres : de rares ormes près des maisons, quelques mûriers dans la campagne, et de temps en temps des *tsin-kouo-chou,* sorte d'oliviers chinois, très beaux et très grands; le fruit ne rend pas d'huile, mais on le sale, et il sert à faire des gâteaux dont les indigènes sont très friands.

On ne voit pas un quartier de terre qui ne soit retourné : tout a été utilisé, sauf un petit marais d'environ cinquante mètres de large sur deux cents de long, vers lequel nous nous dirigeons avec nos fusils. Nous tuâmes là quelques sarcelles et plusieurs belles bécassines, gibier fort abondant en Chine, aussi bien dans le nord que dans le midi. Puis nous allâmes pêcher dans la rivière.

Notre cuisinier, rentrant de sa tournée des vivres, venait de nous apporter d'excellents goujons qu'on eût dit cueillis à Asnières ou à Bougival. Nous fûmes très étonnés, ayant toujours cru et entendu dire que ces poissons étaient absolument étrangers au Céleste-Empire. Immédiatement nous voulûmes en prendre à la ligne une friture. Nous ne désespérions plus de pêcher même des truites!

Les Chinois s'adonnent beaucoup à la pisciculture; dans tous les villages ils ont de petits étangs qu'ils appellent *k'an,* où ils élèvent des poissons, surtout des carpes. Du reste, il y a des poissons partout. Me trouvant à Ho-kien-fou, au centre de la province de Tche-ly. j'en vis plusieurs dans l'ornière d'un chemin, convertie en fossé quelques jours auparavant par un orage. On en prend beaucoup dans les terrains bas quand l'eau des pluies séjourne cinq à six semaines. Les Chinois expliquent ainsi ce phénomène : « Dans le nord, disent-ils, il y a eu, à plusieurs reprises, des invasions de sauterelles; ce sont leurs œufs qui se changent dans l'eau

en poissons, comme les œufs des poissons se changent en sauterelles quand vient l'époque de la sécheresse. »

Nous nous remettons enfin en route. Deux immenses radeaux
descendant le fleuve faillirent d'abord nous écraser. Notre barque,
serrée entre eux, se dégagea difficilement. Ils flottaient côte à côte
et présentaient ensemble un aspect des plus pittoresques. Qu'on
se figure une manière de village coupé en deux par la rivière et
composé pour le tout d'une demi-douzaine de maisons de planches,
entourées de jardins potagers. Ces radeaux viennent de très loin

FORAGE D'UN PUITS ARTÉSIEN.
(Méthode pratiquée dans le Hou-pé.)

et suivent tout le cours du Yang-tze, portant toujours chacun deux
ou trois huttes.

Nous approchons de I-tchang-fou; demain nous parviendrons à
cette grande ville. Il y a déjà un mois et quatre jours que nous
naviguons depuis Han-keou, et nous n'avons guère fait plus de
trois cents lieues. Nous en avons fini avec les terrains plats. Les
collines commencent. Elles sont très peuplées et généralement
couvertes de grandes herbes sèches, qu'on coupe au ras du sol
pour le chauffage, et qui laissent à la terre une teinture de sépia
brûlée. Il n'y a presque plus d'arbres; les montagnes tristes et
nues vont se succéder lamentablement. La partie facile du voyage
est terminée; nous abordons la plus malaisée.

IV

I-TCHANG-FOU.

En face de montagnes à pic qui affectent la forme de pains de sucre, les unes grises, les autres rougeâtres, semées de rares sapins; vis-à-vis des champs en amphithéâtre, les maisons pressées de I-tchang-fou semblent se bousculer sur la rive gauche de la rivière; on dirait qu'elles se retiennent pour n'y pas tomber, s'approchant du bord tant qu'elles peuvent, afin de voir venir de plus loin et de recevoir plus vite les produits dont leurs habitants sont avides. Quelques-unes ont des airs de grands seigneurs se prélassant dans la foule, et regardent de haut, dominant les autres. Ce sont les pagodes, les *ya-men*, et les palais des riches.

I-tchang-fou est une ville de premier ordre, dans la province de Hou-pé. C'est un vaste port (1), très commerçant, où affluent, des riches provinces de l'ouest, les barques chargées de thé, de cuivre, de sucre et de cire blanche. Les bateaux à vapeur, d'un gros tonnage pourraient monter jusque-là, et il y est venu des navires de guerre européens. Nous voyons encore dans la campagne d'I-chang-fou beaucoup de monde, de grandes cultures, force jardins potagers remplis de navets et d'oignons, qu'entourent de petites palissades, et des plantations de bambous. En abordant le quai de la ville, tous les bateliers étaient descendus boire du thé. Ils revinrent en nombre double. Ce renfort est nécessité par les obstacles que la navigation nous présentera jusqu'à Tchong-kin-fou. Notre barque démarre, nous quittons le port d'I-tchang.

A peine sommes-nous en route que nous apercevons devant nous de hautes montagnes : le fleuve, brusquement, fait un coude, et semble finir. C'est l'entrée des gorges. A voir cette gueule sombre où notre jonque va s'engloutir, et qui semble nous attendre, emplie de silence et de formidable quiétude, nous éprouvons malgré nous un certain frisson. Les gorges se rapprochent, et deux heures après nous y entrons. Des montagnes à pic se dressent des deux côtés : l'eau, au milieu d'elles, est tranquille, le courant faible; le fleuve, peu large, doit être ici très profond. Pas un bruit étranger : la nature se tait et nous écoute passer. Le chant des bateliers poussant les rames résonne dans les montagnes. Les rochers ne sont plus pelés et rouges, mais grisâtres et couronnés de verdure.

Nous avions passé la nuit dans cet étrange endroit. Vers le matin, un bruit infernal nous réveilla en sursaut : des pétards éclataient, les hommes criaient, le gong glapissait. Nous étions le

(1) Ouvert aux Européens par la convention de Tche-fou (1876).

6 février, premier jour de l'an chinois. C'est une époque de réjouissances nationales et la plus grande des fêtes. Ce jour-là personne ne travaille, et nos matelots ne toucheront pas une corde, pas une rame : nous serons forcés de rester quarante-huit heures dans ces grandes montagnes. Dans les villes, toutes les boutiques sont fermées pour trois ou quatre jours : il faut se munir de provisions à l'avance. Les pauvres mêmes sont en fête, et, dussent-ils faire maigre toute l'année, ce jour-là, ils mangent de la viande et festinent. Les tribunaux chôment; on enferme les sceaux; les personnages officiels prennent un congé d'un mois au moins. Avant le jour de l'an, on paye ses dettes : les créanciers seraient mal venus à réclamer leur argent pendant les fêtes. Les fils vont faire à tous leurs parents les salutations d'usage; les domestiques à leurs maîtres, les petits mandarins aux grands. Nous eûmes la visite du commandant de la nouvelle canonnière, M. Tcheu; notre *lao-pan* (propriétaire de la barque) et le lettré vinrent ensuite nous rendre leurs devoirs; tout l'équipage, endimanché, vint nous faire le *pei-niene*, c'est-à-dire nous souhaiter la bonne année, et nous reçûmes d'eux le *ko-tu* qui consiste en trois saluts successifs.

Notre bateau n'avançant pas, je vais faire une excursion dans les montagnes; j'ai hâte de m'élever dans un air plus vif et de parcourir un pays sauvage. Je saute avec mon fusil sur la rive gauche, suivi de mon chien et de deux soldats de la canonnière. Après avoir gravi péniblement, pendant deux ou trois heures, une montagne très escarpée, une brusque déchirure se fit à mes yeux dans le paysage, et contournant un roc en surplomb, j'aperçus tout à coup, de l'autre côté du versant, un tableau féerique. Le vallon disparaissait à une immense profondeur, sous une mer de verdure, que bordaient des roches capricieuses. Tout en bas, dans un grand ravin, un torrent se précipitait, et allait se cacher sous les scolopendres, qui sortaient des fentes des rochers. Des cascades rebondissaient de pierre en pierre, avec un bruit gai, traversé par des froissements de plumes et des piaillements, appels et cris d'un peuple ailé qui montait et descendait sans cesse et semblait se plaire à suivre les évolutions de l'eau. Des vols de pies bleues aux longues queues effleuraient les baies rouges des myrtes. C'était un lieu plein de poésie et de murmures, d'où s'exhalait un charme pénétrant. Il y avait là des oiseaux que je n'avais jamais vus et qui n'ont peut-être pas de nom dans notre langue : ils étaient de la grosseur des grives, bleus et noirs, avec le bec jaunâtre et les pattes vertes. J'en abattis quelques-uns que je donnai plus tard au cabinet d'histoire naturelle des Jésuites de Chang-haï, dirigé par le très savant P. Eudes.

Cette nature inconnue me tentait; je résolus de descendre pour l'examiner de près, et ne pouvant le faire en ligne droite, je biaisai. Je m'engageai dans une espèce de tranchée oblique qui s'enfonçait dans l'intérieur de la montagne, et je descendis la rampe assez raide, non sans efforts : je parvins ainsi sur un grand plateau . . pente douce, couvert d'ifs, et qui, d'après mes calculs, deva° insensiblement me conduire au sein de l'Éden entrevu. Mais, je ne sais comment, je ne retrouvai plus ma vision. J'errai longtemps sous ces arbres sans fin : le plateau s'élargissait encore; c'étaient maintenant des tamarins et des sophoras. Je

CHINOISE DU HOU-PÉ.

passai d'une colline à une autre colline, et marchai toute la journée, inquiet et cherchant à reprendre la direction du fleuve, mais en vain. Les deux soldats qui m'accompagnaient ne se reconnaissaient pas plus que moi : l'un voulait pousser à gauche, l'autre à droite, et moi devant. Nous traversions toujours des bouquets d'arbres, ne rencontrant aucune culture, sauf quelques champs de patates douces. Enfin nous nous perdîmes tout à fait au milieu d'un bois de pins.

Harassés, découragés, incapables de nous diriger, nous nous laissions aller à la dérive, entraînés dans un chemin sombre à travers les branches. Tout à coup, les troncs s'éclaircissent : nous sommes arrivés sur la lisière, et devant nous s'élève un hameau composé de quatre ou cinq maisons. Mon costume étranger, mon fusil, mon braque Lili orange et blanc firent une telle impression sur les habitants que le village détala en masse; j'avais beau me livrer à une pantomime rassurante, les chiens, les bœufs, les cochons, les enfants, les hommes et les femmes, tout avait pris la fuite. Ils m'observaient, de loin, curieusement. J'eus beaucoup de peine à ramener tout cè monde. Enfin ils commencèrent à s'approcher; puis ils s'enhardirent à tâter l'étoffe de mes habits : je les intriguais infiniment. Mais ils furent tous très aimables. On m'in-

BATEAUX CHINOIS DESCENDANT LE YANG-TSÉ-KIANG.

vita à boire, à manger, à me reposer. Ils n'avaient jamais vu d'Européen.

Le secret pour se faire bien venir des Chinois est de ne pas craindre de causer avec eux, et de s'attacher à ne les point froisser, jusque dans les moindres choses. C'est un peuple éminemment poli et hospitalier, mais craintif, et surtout susceptible. Pour moi, je pense qu'on pourrait, avec deux domestiques pour seule escorte, et à condition de savoir la langue, traverser tout l'intérieur de la Chine, même dans les parties les plus éloignées des postes européens. J'excepte cependant les grandes villes, où les passions populaires sont plus promptes à s'exciter.

L'année dernière, j'ai fait une excursion de dix jours dans les montagnes du Fo-kien. J'étais parti du fleuve Ming, à vingt milles de Fou-tcheou; je marchai cinq journées devant moi, et je mis cinq autres journées pour revenir au fleuve. Le soir, je couchai un peu partout, sûr de trouver toujours l'hospitalité chez les indigènes. Une fois, cependant, elle faillit m'être refusée. Il était nuit: j'étais exténué de fatigue. J'arrive au haut d'une grande montagne où il n'y avait qu'une ferme. Je demande à coucher. Nulle réponse; toutes les portes sont closes : j'entends qu'on se barricade avec soin. N'ayant pas le choix du logement, je m'installe dans la cour de la ferme et me dispose à y passer la nuit; enfin, une vieille femme montre timidement le bout de son nez.

— Vous êtes le chef d'une bande de voleurs, hein? dit-elle.

— Moi? par exemple! je suis Européen.

— Vous êtes Européen? *eh ya!* c'est bien pis!

— Comment! c'est pis? Vous avez donc peur que je vous assassine?

— Vous portez sur vous une poudre qu'il vous suffit de jeter sur la maison pour que toute la famille meure avant la fin de l'année.

Je protestai que je n'avais aucun projet sinistre; mais il me fallut user de beaucoup de diplomatie pour convaincre la brave femme.

Deux jours après, j'atteignis un petit village où je ne trouvai pas une maison assez propre pour y faire ma cuisine et y coucher. Je m'accommodai d'une pagode, où je fis mon lit sans façon. Mais toute la population en émoi vint m'assiéger, envahit ma chambre à coucher et voulut m'expulser.

— Vous êtes un diable d'Occident! me disent-ils; vous venez ici pour couper le cou à Bouddha!

Je n'eusse certes rien gagné par de l'arrogance; mais grâce à beaucoup de douceur, mélangée d'un peu de fermeté, je fis évacuer la pagode et pus garder mon logement.

J'ai remarqué que toujours, loin des grands centres, les Chinois sont généralement doux, empressés, accueillants. Les montagnards chez qui j'étais tombé si à propos au sortir de mon bois de pins me parurent surpasser tous les autres en bienveillance et en courtoisie. L'un d'eux s'offrit à me conduire et à me ramener au fleuve.

J'étais parti le matin pour une promenade de deux ou trois heures : il était neuf heures du soir quand je pus rejoindre ma barque, et je ne la retrouvai qu'au son du canon rouillé de la canonnière, tiré pour me guider dans sa direction. Les bateliers avaient suffisamment bu, mangé et fait du bruit; ils consentirent enfin à continuer leur route.

Nous étions au lendemain de cette journée d'aventures. Depuis longtemps déjà nous entendions un bruit sourd, continu, qui s'accentuait par degrés et éclatait en notes graves. C'était le premier rapide. Les bateliers firent les préparatifs préliminaires : on s'occupa de chercher une grosse corde pour haler. On loua sur la rive un complément d'hommes qui pussent aider nos matelots à tirer la barque; on décrocha le tambour que l'on frappe sur l'ordre du pilote pour arrêter les tireurs de corde; on déploya le petit drapeau qui les fait marcher : car souvent le chemin de halage est assez loin ou assez haut, et le tumulte du fleuve empêche que sur le bateau même on se puisse entendre. La corde fixée à une poulie se lâche et se ramène à volonté. Elle est d'ordinaire accrochée au passage par une pointe de roc ou une grosse pierre, et l'on essaye d'éviter cet accident en postant plusieurs hommes aux endroits suspects. Il arrive aussi que les haleurs vont trop vite; alors on bat immédiatement le tambour. Car si l'on n'y prenait garde, la barque serait entraînée sur quelque rocher. Si elle n'arrivait pas bien de face sur le rapide et que l'on continuât à tirer, elle serait renversée. Il faut user de mille précautions, et les passages, on le voit, ne sont pas sans danger.

Le rapide que nous traversons porte le nom de T'a-tong; il est long de deux à trois cents mètres : il nous fallut deux heures pour le traverser. Les haleurs étaient plus de cent cinquante.

Autour de nous, les gorges sont moins étroites, ce sont sur les deux rives des collines adossées à de hautes montagnes. Nous sortons du premier rapide pour tomber dans un second. C'est le fameux Tsin-t'an, réunion de trois rapides dont le dernier est le plus périlleux. Nous arrivâmes en vue de Tsin-t'an dans l'aprèsmidi du lendemain, après avoir fait en un jour et demi une vingtaine de lieues. Quatre cents hommes tiraient la jonque. Nous mîmes plus de quatre heures à franchir dix mètres. Il s'agissait d'escalader une petite cataracte : le devant de la barque était en haut, tandis que l'arrière plongeait dans le fleuve. Dressée ainsi, elle semblait se tenir debout sur l'eau; le courant la secouait par brusques saccades. Pendant plus de deux heures nous ne pûmes faire un pas en avant. La situation était grave : le rapide, violé, se défendait avec fureur; de chaque côté, des rochers à fleur d'eau étaient là, guettant : un coup de gouvernail à faux, et le bateau était éventré! Nous entendions par moments la corde crier sur la poulie, et nous songions que, si elle venait à casser, nous étions certainement perdus. Enfin, après bien des cris et plusieurs coups de bâton distribués sur le dos des tireurs par leurs patrons et par les gens du petit mandarin du village de Tsin-t'an, notre barque parvint à monter cette espèce d'escalier mouvant.

Il était nuit. Nous couchâmes au-dessus du rapide, au pied même du village de Tsin-t'an, bâti en amphithéâtre sur une pente assez raide. Jusqu'au matin nous entendîmes le bruit formidable des eaux. La jonque était amarrée à un roc saillant, et fixée par trois cordes à des pieux solides. Je rêvai dans la nuit que quelqu'un était venu furtivement couper ces cordes, et que notre bateau, emporté par le courant, s'était brisé. Je me réveillai en sursaut : il faisait jour; nous étions en route. La barque, par la faute de je ne sais qui et de je ne sais quoi, venait de heurter légèrement contre un rocher; ce choc avait occasionné des cris et fait naître une dispute entre le pilote et l'équipage. Plus d'une fois, dans le cours de cette traversée, nous fûmes obligés d'intervenir dans des querelles de ce genre et d'imposer silence aux deux camps.

La journée s'annonce mal. Un vent contraire, de la pluie, du givre, un fort brouillard, nous rendent la navigation difficile : on ne peut plus voir que le pied des montagnes; sur les rives s'étendent des champs de blé, de fèves et d'orge avec quelques plantations de jeunes pins couleur vert tendre. Dans l'après-midi, un gros vent souffla contre nous. Nous n'avancions que lentement; la ville de Koueï-fou, sur la rive gauche, n'était pas loin; je savais que c'était le lieu de la couchée : je descendis avec mon chien et mon fusil, me proposant de marcher tout le reste du jour.

PHILOSOPHE CHINOIS.
Statuette en porcelaine polychrome. (Collect. Malinet.)

Le pays est ici moins sauvage qu'à l'entrée des gorges : les montagnes ont diminué de hauteur. Il y a encore quelques ifs, des araucarias aux bras cuirassés d'écailles et hérissés de pointes, et des ailantes squameux aux branches grêles, dont la racine fournit un remède infaillible contre la dysenterie. Ma chienne Lili fit sortir d'un fourré de tamarins deux muntjacs; j'en tuai un : c'était un joli petit chevreuil doré. J'aperçus aussi de loin, sans pouvoir les atteindre, des animaux de formes étranges : ils s'appelaient dans le pays des « chiens-cochons », et avaient la grosseur d'un de nos caniches. En voici la description exacte, d'après mon Chinois chrétien Thomas (1), à qui j'en laisse la responsabilité : il a la tête d'un chien, le corps et la couleur d'un chevreuil, les pattes d'un mouton et la queue d'un lièvre.

J'arrivai à notre station après le soleil couché. Le bateau ne tarda pas à m'y rejoindre; j'y montai. La ville de Koueï-fou, sur la hauteur, ne nous apparaissait que comme une grande forme blanche. Une embarcation nous aborda, et nous vîmes venir à nous deux petits mandarins, envoyés par les autorités du Setchuen pour nous faire honneur. Ils étaient sans plume et sans

(1) C'est ce même Thomas qui accompagna en 1869, sur les frontières du Thibet, l'illustre naturaliste M. l'abbé David.

bouton, et portaient sur leurs robes bleu cendré le vêtement blanc, signe du grand deuil officiel. Ils nous annoncèrent la mort de l'empereur Tong-tcheu (1), emporté en quelques jours par la petite vérole.

Cette nouvelle nous causa une vive inquiétude. Qu'allait-il arriver à Pé-kin? Pourquoi n'avions-nous rien reçu à ce sujet de la légation? Nous savions que dans le palais il y avait deux partis : l'un antieuropéen, celui de la reine mère; l'autre qui nous était favorable, celui du prince Kong. Une révolution était à craindre. Nous causâmes de l'événement avec nos deux mandarins, le « vieux monsieur Tseou » et le « vieux monsieur Ko », et ils nous expliquèrent leurs vêtements, la durée et le caractère du deuil qui suit la mort d'un souverain, et les usages qui se pratiquent en pareil cas. Pendant cent jours, les mandarins de tout grade ne peuvent plus porter d'habits de soie : ils doivent être vêtus de coton. Les trente premiers jours ils portent le grand deuil, c'est-à-dire le blanc; et durant la période entière il ne leur est pas permis de raser leurs cheveux

CHIEN DE FÔ OU BOUDDHA-GAUTAMA.
Ancienne sculpture chinoise provenant du pillage du Palais d'Eté. (Musée de Fontainebleau.)

ni leur barbe. Pour les gens du peuple, cette prohibition ne s'étend qu'à quarante jours. Quand un grand mandarin sort de son palais, on ne tire plus de pétards; ses insignes, au lieu d'être rouges, sont bleus. Les cartes de visite sont de couleur chamois. La couleur rouge est absolument interdite aux mandarins comme au peuple. Le flot

(1) Mort le 12 janvier 1875, à l'âge de dix-neuf ans.

carminé qui orne leur chapeau officiel est enlevé ; le signe distinctif du mandarinat, le bouton de corail, de lapis-lazuli ou de cristal, disparaît. Si un mandarin rencontre dans la rue un monsieur à tête rasée ou une dame en vêtements écarlates, le délinquant ou la délinquante reçoit sur-le-champ quelques coups de bambou ; sinon ils sont obligés de payer une forte amende. Quant à ceux qui croient échapper par la retraite à la prescription que tous sont tenus de suivre, ils ne sont pas plus en sûreté dans leurs maisons.

Les agents de police, les *ti-pao* (maires) et autres employés subalternes ont alors pour occupation principale de courir, sous un déguisement, les campagnes, de rôder autour des habitations et d'y découvrir les têtes rasées. Ils reviennent promptement les signaler aux tribunaux, et dans les vingt-quatre heures les tondus reçoivent, sur papier cendré, une invitation polie de vouloir bien se rendre chez le magistrat pour affaire d'importance. C'est ce que nous eûmes l'occasion de constater nous-mêmes à Tchong-kin, une quinzaine de jours après cette conversation. Le coupable était un riche particulier, propriétaire d'un bouton bleu qui lui avait coûté 10,000 francs. Il était, il est vrai, peu aimé de ses voisins, dur envers les pauvres, récalcitrant au payement de l'impôt. Ne pouvant supporter pendant le temps rigoureux la gêne qui lui était imposée, il eut la fâcheuse idée de se faire raser. Le barbier fut appelé en secret ; on le paya même un bon prix pour acheter sa discrétion, et le globulé se disposa à garder le logis et à ne se montrer en public qu'à l'expiration du deuil. Mais voyez les fruits d'une mauvaise réputation ! Le *pauvre richard* se croyait entouré d'amis : tous le dénoncèrent. Le soir même, deux cavaliers en grande tenue arrivaient chez le réfractaire, porteurs d'une lettre d'invitation pour le lendemain. L'invité eut beau se dire indisposé, il lui fallut se rendre au palais mandarinal. Là, il fut reçu gracieusement dans la salle dite des *visites,* et tandis qu'il faisait ses salutations respectueuses, le préfet, tout embarrassé, hésitant, presque déconcerté, lui dit :

— Comment ! vous ne portez pas le deuil ? Ah ! que ne l'ai-je su ! je ne vous aurais point prié de venir. Si l'on allait apprendre, à la métropole, que j'ai reçu un de mes plus riches administrés dans cet état, c'en serait fait de ma charge ! Et on le saura infailliblement. Vous avez traversé toute la ville ! Plus de quatre cents employés vous ont vu. Que faire ? Retirez-vous, au plus tôt, et voyez s'il y a moyen de détourner l'orage. En tout cas, si je perds ma place, vous, vous perdrez votre bouton et votre fortune.

Cette algarade coûta au riche tondu plus de quinze mille francs. On en employa douze cents à reconstruire une pagode, et le reste prit, lui dit-on, le chemin de la métropole, afin de payer les foudres du vice-roi. Mais le fait est que le mandarin garda tout.

Les deux « vieux monsieurs » avec qui, désormais, nous faisons route parlèrent longtemps. A propos du deuil public, ils nous instruisirent sur les deuils privés et se complurent à nous donner à ce sujet des éclaircissements sur chaque question. Nous ne décrirons pas les cortèges funèbres, ni les ensevelissements, ni mille choses racontées avant nous et connues, sans aucun doute, du lecteur; mais nous dirons un mot de la manière dont les Chinois expriment leur douleur quand ils perdent leurs amis ou leurs proches. Ils pensent que l'on doit aux morts une dette bruyante, qui se paye officiellement et publiquement avec la gorge et les poumons. Plus éclatants sont les cris poussés, et plus haut est le témoignage d'affection rendu. Dès que le moribond a exhalé le dernier soupir, toute la famille se transporte à la pagode de *Tou-ti*, petite divinité que possède le moindre village, fût-il de vingt-cinq habitants. On traverse les rues en proférant de grandes clameurs; on porte des bâtonnets odorants, faits d'écorce d'ormeau; on se prosterne au pied de l'idole, et on la conjure de solliciter pour l'âme qui vient de quitter la terre une place honorable dans le pays du ciel. Cette cérémonie terminée, on envoie aux amis, comme lettres de faire part, de grandes pancartes bleues, et le mort demeure exposé dans sa bière jusqu'à ce que tous les proches parents soient venus constater son idéndité et le pleurer solennellement. Le caractère de ces lamentations est des plus étranges.

QUATRIÈME BOUDDHA.
Groupe en terre cuite. (Collection Demmin.)

Si une fille du défunt est mariée dans un autre village, fût-il éloigné de plusieurs milles, elle doit commencer à crier dès qu'elle sort de sa maison. Elle crie dans son village, sur sa route, dans tous les hameaux par où elle passe, et malgré son épuisement, parfois affecté, souvent réel, elle tâche de donner à sa voix une nouvelle force et redouble d'énergie quand elle arrive au lieu où est le cadavre de son père ou de sa mère.

Dans mon excursion de la veille, en passant devant un petit bourg adossé à la montagne, je m'étais approché de plusieurs femmes vêtues de blanc, c'est-à-dire en grand deuil, et coiffées de bandelettes de toile blanche, qui remplaçaient dans leurs cheveux les aigrettes et les épingles d'argent ou d'or. Je leur demandai mon chemin. Mon costume européen les fit beaucoup rire; elles me demandèrent si j'étais un Cantonais. C'était une grande joie pour elles de me considérer à leur aise. J'obtins enfin le renseignement que je demandais, et je continuai me route. Je n'avais pas marché cent mètres que j'entendis derrière moi des cris épouvantables. Je me retournai très intrigué. C'étaient les mêmes femmes qui, à propos de la mort d'un parent, continuaient leurs lamentations interrompues.

J'ai assisté plus d'une fois en Chine à des tumultes funèbres. Un

Européen qui ne connaîtrait pas les ressorts de cette pantomime en serait très effrayé. Toutefois, le caractère lugubre en est singulièrement modifié quand le cercueil est cloué et qu'il ne reste plus qu'à procéder à l'enterrement. Après que tout est terminé, quand le défunt a été mis en terre, les Chinois, jugeant que la mort de leur parent ou de leur ami est un fait contre lequel ils ne peuvent rien, prennent le parti de s'y résigner; ils louent des musiciens, et, à côté des bonzes priant, font venir des bonzes jonglant; ils sont persuadés que des tours de passe-passe amuseront les mauvais esprits et les détourneront de faire du mal au trépassé. L'enterrement est devenu une fête, à laquelle ne manque pas le grand repas solennel, qui dure un, deux et même trois jours.

Pendant qu'on festoie ainsi dans la maison mortuaire, le soir venu, on en décore l'extérieur de lanternes bleues et de sentences sur chiffons blancs; tout le village, y compris les ennemis du défunt, vient pousser les trois cris devant la porte; leur accent doit être rauque et nasillard. Pour mieux réussir à produire le son désiré, les vieillards portent des lunettes qui leur pincent fortement le nez, et les autres se servent de l'index et du pouce. Tout cela monte vers l'âme disparue, avec l'encens qu'on brûle dehors et la fumée des lingots de papier.

L'intérêt visible que nous prenions au récit des deux mandarins les faisait sourire.

Ces longs entretiens s'étaient prolongés une partie de la nuit. Le lendemain, nous nous mîmes en route, escortés par la jonque des mandarins, que suivait notre canonnière. Il pleuvait : un brouillard flottant s'était pris aux rocs des montagnes et, comme une vaste toile, couvrait le ciel. Le paysage était triste et gris : on n'en apercevait que les parties basses. Un bouquet de maisons se laissa entrevoir un moment. Quelques terrains défrichés, où l'on a planté des pommes de terre, tranchent sur le pays sauvage qui les entoure. C'est Iam-kia-ho, le dernier hameau du Hou-pé.

Gaston DE BEZAURE.

LE QUATRIÈME BOUDDHA ENTRE LES DEUX CRÉATIONS.
Groupe en terre cuite, (Collection Demmin.)